Giuseppe Gracia

Das therapeutische Kalifat

W0076438

www.fontis-verlag.com

Giuseppe Gracia

Das therapeutische Kalifat

◼ ◼ ◼ ◼ ◼

*Meinungsdiktatur
im Namen des Fortschritts*

ʃontis

Bibliografische Information der Deutschen Nationalbibliothek
Die Deutsche Nationalbibliothek verzeichnet diese Publikation in der
Deutschen Nationalbibliografie; detaillierte bibliografische Daten sind im
Internet über www.dnb.de abrufbar.

2. Auflage 2018

© 2018 by Fontis-Verlag, Basel

Umschlag: Spoon Design, Olaf Johannson, Langgöns
Umschlagfoto: Wolf Suschitzky, Getty Images
Satz: InnoSet AG, Justin Messmer, Basel
Druck: Finidr
Gedruckt in der Tschechischen Republik

ISBN 978-3-03848-159-1

Inhalt

Gegen
die Intoleranz

«Im Namen der Toleranz sollten wir uns das Recht vorbehalten, die Intoleranz nicht zu tolerieren.»

Dieser Satz des österreichisch-britischen Philosophen Karl Popper stammt aus dem Jahr 1945 und beeinflusst unsere westliche Kultur bis zum heutigen Tag. Er strahlt eine moralische Standhaftigkeit aus, die uns das Gefühl gibt, auf der richtigen Seite zu stehen. Es tut gut, sich sauber gegen Intoleranz abzugrenzen und zu den Guten zu gehören.

Das zeigt sich immer dann, wenn uns ärgerliche öffentliche Stimmen oder politische Bewegungen begegnen, die angeblich Intoleranz oder Hass schüren, die also *moralisch minderwertig* sind und uns vor unserem Gewissen dazu verpflichten, im Namen des sozialen Zusammenhalts Zensur zu üben. Wir fühlen uns berechtigt, geistige Brandstifter gegen eine gemeinschaftsdienliche Gesinnung anzuprangern, bevor das Volk unnötig aufgehetzt wird.

Ein Beispiel aus dem Jahr 2018 wäre der Besuch des damaligen Beraters von Donald Trump, Steve Bannon, in der Schweiz. Wie schon beim Besuch anderer politisch unliebsamer Personen fühlten sich moralisch entrüstete Aktivisten, in diesem Fall die sogenannte «Bewegung für den Sozialismus», dazu verpflichtet, den Auftritt zu verhindern.

Der Sprecher der Bewegung begründete das im Falle von Steve Bannon so: «Trump hat hier nichts verloren. Rassismus und Sexismus sind keine Meinung, sondern ein Verbrechen.»

Diese Aussage ist eine Zuspitzung des Gedankens von Karl Popper: Was wir nicht tolerieren, kann als Verbrechen gelten.

In der Tat sehen wir heute sowohl in Europa als auch in den USA immer mehr «antifaschistische», «antirassistische» oder «antisexistische» Gruppen, die uns davon überzeugen wollen, moralisch dubiose Personen oder Ansichten aus dem öffentlichen Raum zu verbannen. Es sind Gruppen, die unerwünschte Meinungen und Auftritte auch gern niederpfeifen und mit Begriffen wie *Hate Speech* oder *Hate Crime* öffentlich kriminalisieren.

Selbst ein Mark Zuckerberg, Chef von Facebook, musste bei einer Anhörung vor dem US-Kongress 2018 versichern, dass Facebook keinerlei Hate Speech toleriert. Ob allerdings Facebook selbst, ohne rechtsstaatliche Instanz, darüber entscheiden darf, was genau als Hate Speech gilt, diese Frage wurde von niemandem gestellt.

Das zeigt, wie problematisch die Aussage von Karl Popper ist. Denn auch Popper blendet die Frage aus, wer in einer liberalen Gesellschaft die *legitime Instanz* sein soll, die den Begriff «Intoleranz» für alle verbindlich definiert. Wer darf festlegen, wann eine Ansicht unter dem Banner der Meinungsfreiheit weiter durch den öffentlichen Raum segeln darf und wann sie verschwinden muss?

Ist es die Justiz? Aber darf ein Richter in Deutschland oder in der Schweiz mehr verlangen als Loyalität zum Gesetz? Darf er Gefühle wie Hass und Antipathie als Verbrechen ahnden? Darf er *moralische Zustimmung* im Sinne einer Regierung oder scheinbaren Mehrheitsmeinung verlangen? Darf er vom Staat unerwünschte Ansichten bestrafen, zum Beispiel islamkritische, migrationskritische, gendertheorie-kritische oder einfach nur wertkonservative Ansichten?

Das
therapeutische Kalifat

Im Namen des Kampfes gegen Intoleranz, Rassismus und Sexismus entsteht in Westeuropa gegenwärtig ein «therapeutisches Kalifat».

Dieser Ausdruck stammt vom Schweizer Philosophen Michael Rüegg. Gemeint ist eine neue Form von Herrschaft, nicht im Namen eines Gottes oder im Sinne einer Diktatur wie in China oder Nordkorea. Sondern im Sinne einer gewissermaßen *sanften* Gesellschaftstherapie. Die Therapie einer politisch-kulturellen Elite, welche die christlichen Wurzeln des Abendlandes abschneidet und uns im Zuge der Globalisierung befreien möchte vom Hemmschuh veralteter religiöser, nationaler oder geschlechtlicher Identitäten.

Westeuropa als internationales, großes Therapiehaus – ein Haus für friedliche Volksentwicklung. So ähnlich wie das «Haus des Friedens» im Islam («Dar as-Salam»), nur eben typisch europäisch, das heißt: atheistisch und wirtschaftsgetrieben.

Wie muss man sich das genauer vorstellen? Wer sind in einem solchen Haus die Chefärzte? Wer sind die leitenden Sozial-Ingenieure, die assistierenden Gesellschaftsmediziner? Wer wacht über das Heilverfahren? Wer sind unsere Polit-Internisten? Wer sind die öffentlichen Meinungs-Krankenschwestern?

Es sind natürlich Leute, die zur Elite gehören. Ich weiß: Heute ist Elite ein negativer Begriff. «Die Korrupten da oben gegen uns Wehrlose hier unten.» Das ist ein beliebtes Narrativ von Populisten. Das ist hier aber nicht gemeint. Jede Gesellschaft braucht eine gute Elite, die aufgrund besonderer Talente eine Führungsrolle für die Allgemeinheit übernimmt.

Hier geht es jedoch um eine Elite, die ihr politisches Mandat mit *moralischer Autorität* gegenüber dem Wähler verwechselt. Beispiele wären der Regierungsstil in Schweden, Frankreich oder Deutschland. Doch es gibt auch in der Schweiz genug Politiker, die wie eine moralische Instanz des Volkes auftreten, wie Heilpädagogen des sozialen Zusammenhalts. Solche Politiker sind nicht Teil einer Elite, die der Allgemeinheit dient, sondern einer Elite, die sich über uns erhebt und die für uns alle das gute Leben kennt. Eine solche Elite möchte ihre Ideen nicht in einen demokratischen Willensbildungs-Prozess einspeisen, sondern sie möchte sich einfach nur durchsetzen.

Bei diesem Regierungsstil, von vielen Medien öffentlich mitgetragen, geht es im Grunde nicht mehr um die Leitung des Staates, sondern um die Leitung seiner Bürger. Deswegen suchen die Funktionäre eines solchen Staates bei umstrittenen Themen wie Migration, Islam oder EU mit den Bürgern auch gar keine Kommunikation auf Augenhöhe, sondern eine pädagogisch austarierte, taktische Kommunikation. Genauer gesagt: eine Kommunikation, die uns in die richtige Richtung lenkt, nämlich zur Zustimmung für längst beschlossene Regierungsprogramme.

«Die Welt ist im Umbruch, aber wir schaffen das. Wir erleben große Herausforderungen, aber wir haben keine Angst vor den offenen Grenzen unserer Solidarität.»

Das sind typische Botschaften dieses Regierungsstils.

«Populisten werden uns nicht verführen. Terroristen und Rechtsextreme können unseren Lebensstil nicht kaputt machen. Wir achten das globale Klima. Wir glauben an eine Vielfalt der Familienformen und Geschlechter-Identitäten. Wir kämpfen gegen Ausgrenzung, Fake News und Hate Crime – und wissen genau, wann jemand mit seiner Meinung ausgrenzt, falsche Nachrichten streut und Hass schürt.»

Das sind keine Argumente mehr, die sich dem Wettbewerb der Meinungen und Ideen stellen, sondern im Grunde Glaubensbekenntnisse, zu denen man sich als guter Zeitgenosse bekehren muss. Glaubensbekenntnisse, wie sie auch viele Medien verkünden. Frankfurter Allgemeine, Schweizer Fernsehen, Le Monde, ARD, ORF, CNN, BBC. Die Liste lässt sich beliebig erweitern, ohne dass wir auf wirkliche weltanschauliche Unterschiede stoßen.

Das Bild verändert sich auch dann nicht, wenn «parteiunabhängige» Experten zu uns sprechen: Soziologen, Politologen, Historiker, Schriftsteller. Die meisten von ihnen bieten einen ähnlichen moralischen Kanon. Meist haben sie nicht nur einen erstaunlich tiefen Einblick in die Sorgen und Ängste des einfachen Volkes, sondern sie kennen auch ein passendes «Anti-Angst»-Verfahren. Sie kennen Medikamente für den besseren sozialen Zusammenhalt. Eines dieser Medikamente besteht in der Bildung und öffentlichen Durchsetzung von zielführenden Interpretationen der Wirklichkeit.

Narrative

Sogenannte Narrative sind erzählerische Interpretationen der Wirklichkeit. Sie erzählen uns, was in der Welt passiert, und interpretieren damit zugleich die Welt. Selbst wissenschaftliche Thesen wie etwa jene zum «Urknall» sind nicht nur physikalische Theorien, sondern bilden eine Erzählung zum Ursprung der Welt, eine Art naturwissenschaftliche Schöpfungsgeschichte.

Genauso bieten uns die täglichen Nachrichten neben Informationen und Fakten immer auch die Geschichte, die das Ganze in einen größeren Sinnzusammenhang stellt und politisch einordnet.

Die Tageschau etwa informiert nicht einfach nur darüber, ob sich bekannte Politiker für ein Treffen irgendwo auf der Welt an einen gemeinsamen Tisch setzen, sondern dazu gibt es auch die Hintergrundgeschichte: seit wann und warum das Treffen geplant war, was das Treffen bringen soll und welche Teilnehmer zu den Guten und welche zu den Bösen gehören.

Diese redaktionelle Einschätzung ist von der reinen Nachricht nicht zu trennen. Oft interpretiert die Redaktion ein Ereignis allein durch das Weglassen von Fakten, die nicht ins gewählte Narrativ passen.

Beispiel Migration: Vertreten die entscheidenden Mitglieder der Redaktion die Ansicht, dass die allermeisten Menschen, die aus dem Nahen Osten oder aus Afrika nach Europa kommen, politisch Verfolgte sind, die der Westen bei sich aufnehmen muss, so wird die Berichterstattung vor allem mit Bildern und Geschichten von fliehenden Frauen und Kindern stattfinden, um den Zuschauer emotional für das redaktionelle Anliegen zu gewinnen – auch wenn statistisch gesehen die Mehrheit der Migranten aus diesen Ländern weder Frauen noch Kinder, sondern junge Männer sind. Männer, von denen sich oft nicht sagen lässt, wer sie wirklich sind und welche Ziele sie verfolgen.

Dieses Vorgehen der Redaktion ist an sich nichts Verwerfliches, denn Menschen deuten die Welt immer vor dem Hintergrund ihrer Überzeugungen. Sie greifen auf Geschichten und Narrative zurück, die ihrer Sicht der Welt entsprechen und ihnen erlauben, neue Informationen einzuordnen.

In Zeiten der Volkserziehung wird das massenmediale Interpretieren von Ereignissen jedoch zum *Machtinstrument* der Therapeuten. Es wird zu einem

Instrument der Hoheit über eine bestimmte Weise, die Wirklichkeit zu deuten. Deswegen existieren heute zu fast allen kontroversen Themen, die eigentlich einen großen Pluralismus politischer Überzeugungen zulassen müssten, sehr dominante Mainstream-Narrative, denen man im Grunde zustimmen muss, wenn man weiterhin als guter Zeitgenosse gelten will. Konkrete Beispiele dazu finden sich im Anhang ab Seite 47.

Wohlgemerkt: Es geht hier nicht um die Frage, ob die politisch korrekten Narrative, die den Zeitgeist dominieren, wahr oder richtig sind, ob es sich um gute oder schlechte Interpretationen der Wirklichkeit handelt. Es geht lediglich um die Tatsache, dass man diesen Narrativen nicht ungestraft widersprechen darf und dass sie zur Erziehung des Volkes eingesetzt werden.

Political Correctness

Die politische Korrektheit ist ein weiteres Merkmal der Volkstherapie. Dargestellt wird es gern als Mittel gegen die Verrohung der Gesellschaft oder für einen notwendigen sittlichen Konsens – auch wenn bei genauerem Hinsehen dieser Konsens seltsamerweise meist «von oben» kommt, also von Politikern, Experten oder tonangebenden Medienschaffenden.

Für eine öffentliche Diskussion bedeutet die politische Korrektheit zum Beispiel: Es darf nicht mehr um gute oder schlechte Argumente gehen, um einen Pluralismus der Anschauungen. Nein, statt um gute oder schlechte Argumente geht es um gute oder schlechte *Menschen.* Statt eines Wettbewerbs der Ideen dominiert ein Beauty-Contest der Moral-Apostel. Sind wir weltoffen genug? Sind wir fortschrittlich genug? Oder sind wir Reaktionäre, Nationalisten, Faschisten?

Was ist das Ziel solcher gesinnungspolizeilichen Etiketten – Etiketten, die den öffentlichen Diskurs seit Jahren dominieren? Es geht darum, unbequeme Personen für das Publikum unmöglich zu machen. Es ist eine Weise, wie uns das Therapie-Personal sagt: Diese zweifelhafte Person, die gerade spricht und ihre abweichenden Ansichten äußert, ist ein fehlgeleiteter *Patient*. Diese Person muss behandelt werden.

Zu dieser Behandlung gehört generell die Säuberung der Sprache. Wir alle sollen im modernen Europa eine *gewaltfreie Sprache* pflegen. Aber was bedeutet das, *gewaltfreie Sprache?*

Ein Beispiel: Stellen Sie sich vor, es gibt da einen sehr eifrigen Journalisten, den Sie zufällig kennen lernen und der Ihre islamkritische Haltung oder Ihre traditionellen Vorstellungen zum Thema Familie nicht mag. Ein Journalist, der Ihnen die immer gleichen dummen Fragen stellt, um Sie als reaktionären Finsterling festzunageln – was aus Ihrer Sicht nichts mit den Werten zu tun hat, nach denen Sie leben.

Nun fassen Sie Mut und sagen diesem Journalisten ins Gesicht, dass seine verhörerischen Fragen dumm seien und Sie keine Lust mehr darauf hätten. Gerade das ist ein *Akt der Gewalt.* Der Unterschied zwischen einer solchen Sprache (wenn Sie jemandem sagen, dass er dummes Zeug redet) und einer Ohrfeige (oder einem Tritt in den Hintern) ist in dieser Logik kein wesentlicher, sondern nur ein formaler Unterschied.

Das bedeutet: Unsere Gesellschaft sucht mit durch-pädagogisierten Sprachregelungen nach einer Kommunikation, die möglichst niemanden verletzt – was dazu führt, dass niemand mehr etwas Authentisches sagt, weil sich ja immer jemand verletzt fühlen könnte. Das Gegenüber erscheint uns in diesem sozialen Klima nicht mehr wie eine mündige, belastbare Person, sondern wie eine emotionale Tretmine.

Das erklärt auch, warum heute die wenigsten Menschen, die den Mainstream ablehnen, öffentlich überhaupt noch ihre Meinung sagen. Entweder haben sie Angst, den angepassten Kollegen auf den Schlips zu treten, oder sie können es sich beruflich nicht leisten, aus der Herde auszuscheren.

Mikroaggression
und Safe Space

Ein weiteres Phänomen ist die sogenannte *Mikro-aggression*. Stellen Sie sich vor, Sie begegnen eines Tages einer netten dunkelhäutigen oder asiatischen Frau, die Sie sympathisch finden und die Sie ganz ohne Hintergedanken fragen, wo sie denn herkomme.

Mit dieser Frage setzen Sie implizit voraus, dass die Frau nicht aus der Schweiz kommt, zum Beispiel aus Chur oder aus Appenzell – denn es ist bekannt, dass weder in Chur noch in Appenzell sehr viele dunkel-häutige oder asiatische Frauen geboren werden.

Ihre Frage nach der Herkunft der Frau ist jedoch eine rassistische Verbal-Aggression – oder eben eine sogenannte *Mikroaggression*. Wahrscheinlich ist Ihre Frage außerdem sexistisch, denn es handelt sich ja um eine Frau, die Sie da ansprechen.

Schlimmer kann es eigentlich nur kommen, wenn Sie hinterher einen Mann, der sich als *Frau* fühlt, auf offener Straße als Mann ansprechen, nur weil Sie ihn biologisch so identifizieren.

In Kanada ist es zum Beispiel gesetzlich vorgeschrieben, einen Menschen unabhängig von seinem biologischen Geschlecht so anzusprechen, wie er sich *fühlt*.

Das bedeutet: Begegnet Ihnen in Kanada ein zwei Meter großer Muskelprotz namens Peterson, der sich als Frau fühlt, müssen Sie ihn als «Frau Peterson» adressieren. Und begegnet Ihnen eine zierliche Frau namens Candy mit maskuliner Gefühlslage, müssen Sie «Herr Candy» sagen.

Ja, es sind seltsame Zeiten, zu denen übrigens auch der *Safe Space* gehört. Hinter diesem ebenfalls sehr modernen Begriff steckt die Idee, dass in Schulen oder an Universitäten ein «geschützter Raum» existieren muss. Genauer gesagt: ein Raum, in dem niemand mit unangenehmen Meinungen konfrontiert werden darf, sondern in dem alle das Recht haben, in ihrer weltanschaulichen Harmonie zu verbleiben. Der Safe Space ist ein Ort, der gereinigt ist vom potenziell diskriminierenden Schmutz der unkontrollierten Meinungsäußerung.

Oder wie wäre es mit *Trigger Warnings?* Schon davon gehört? Das sind Warnhinweise zu Beginn eines Films, eines Buches oder am Eingang einer Ausstellung. Hinweise auf mögliche erniedrigende Inhalte.

Um Diskriminierungen in unserer Gesellschaft flächendeckend loszuwerden, werden bereits Klassiker der Literatur einer Reinigung unterzogen. So muss etwa das Wort «Neger» ebenso aus *Onkel Toms Hütte* wie aus den Abenteuern des *Huckleberry Finn* verschwinden. Auch soll das *Schneewittchen* nicht mehr von einem Mann wachgeküsst werden, denn das zementiert falsche Geschlechterrollen …

Management der Volks-Emotionen

Unsere Therapeuten, welche die Gesellschaft befreien müssen von Sexismus, Rassismus und Fundamentalismus, brauchen dazu eine entsprechende Kommunikation. Besonders, wenn aufgrund umstrittener Ereignisse böse Fake News oder Meinungen unter den Patienten beziehungsweise unter dem Volk kursieren. Oder wenn es zu Gewaltverbrechen und Ausschreitungen kommt. Dann müssen die zuständigen Amtsträger, zusammen mit der Therapiehaus-Polizei, möglichst besänftigend auftreten, um nicht noch mehr negative Emotionen zu schüren.

Ein bekanntes Beispiel ist die *Kölner Silvesternacht* aus dem Jahr 2015. Damals wurden etwa 800 Frauen belästigt, bestohlen oder vergewaltigt, von Männern aus Afrika und dem Nahen Osten. Diese Verbrechen haben die Behörden sehr zurückhaltend kommentiert, nachdem die Sozialen Medien eine generelle Schweige-Spirale verunmöglicht hatten. Es ging darum, den Ball für rassistische Gefühle in der Bevölkerung flach zu halten.

Anders gesagt: Man wollte die *einheimischen* Patienten nicht gegen die *ausländischen* Patienten aufhetzen.

So erleben wir eine zunehmende intellektuelle Infantilisierung des öffentlichen Raums. Statt Bereitschaft für die Wahrheit dominiert ein öffentliches Gefühls-Management. Statt Reife zum Konflikt zelebriert man Überempfindlichkeit und larmoyante Rechthaberei. Statt der Machtkritik der Medien herrscht Regierungspropaganda.

Das zeigt eine Studie der «Hamburg Media School»: Die Auswertung von 34.000 Pressebeiträgen zwischen 2009 und 2015 zum Thema Flüchtlinge ergab, dass 82 Prozent der Beiträge positiv waren und nur sechs Prozent es gewagt haben, die Flüchtlingspolitik der Merkel-Regierung zu hinterfragen.

Es gibt wenig Grund zur Annahme, dass diese unheilige Allianz zwischen Journalismus und Staatsmacht in anderen Bereichen oder EU-Ländern nicht vorkommt.

Die therapie-sensible Filterung von Zahlen, Fakten oder Studien sind allgemeine Merkmale des therapeutischen Kalifats. Verbrechen, Geburtenrate, Arbeitslosigkeit, Sozialhilfebezug: Alle diese Informationen müssen so aufbereitet werden, dass niemand sie für gefährliche Gefühle missbrauchen kann.

Wegweisend ist hier Schweden: Dort werden problematische Statistiken gar nicht mehr veröffentlicht. Zwar hört man ab und zu, Schweden habe zu kämpfen mit einem Vergewaltigungsproblem in Bezug auf Migranten. Ohne seriöse Vergleichszahlen bleibt das aber unüberprüfbar, so ein bisschen wie in der ehemaligen DDR, in der es sehr schwer gewesen ist, seriöse Zahlen zur Selbstmordrate im Land zu bekommen.

Die Herrschaft der Therapeuten ist sanft und umfassend. Und sie kann auch extreme Formen annehmen. Ein Beispiel dafür ist der Fall einer jungen Frau namens Selin Gören. Diese tragische Geschichte hat sich im Jahr 2016 in Deutschland zugetragen.

Selin Gören ist zu diesem Zeitpunkt 24 Jahre alt. Sie ist Bundessprecherin des Jugendverbandes der Partei «Die Linke». Eines Abends geht sie in den Mannheimer Park, um sich zu erholen. Sie wird von drei arabisch sprechenden Männern überfallen, bestohlen, gewürgt und vergewaltigt. Man zwingt sie zum Oralverkehr.

Zuerst schweigt Selin Gören über das Verbrechen. Als es ihrem Freund gelingt, dass sie doch redet, möchte er die Polizei einschalten. Doch Selin Gören befürchtet, rassistische Gefühle im Volk zu wecken. Später erscheint der Fall dennoch in den Medien, und Selin Gören erklärt in einem offenen Brief an ihre Vergewaltiger, sie habe Verständnis – denn die Migranten hätten ebenfalls viel Gewalt erlebt.

Was zeigt dieser Fall? So tragisch er ist, so sehr man sich wünschte, keine Frau müsse je so etwas erleben: Der Fall zeigt eine Politikerin, die ihre Überzeugung *über die eigene Vergewaltigung* stellt. Eine Überzeugung, wonach alle Asylanten im Wesentlichen Opfer sind, auch dann, wenn sie Frauen vergewaltigen. Der Fall zeigt, dass eine Politikerin wie Frau Gören, so tragisch ihre Geschichte ist, niemals staatliche Macht ausüben darf. Denn man muss annehmen, dass jemand wie Frau Gören vom Volk im Notfall die gleiche Leidensbereitschaft verlangen würde wie von sich selbst.

Die
Patienten

Wir haben bisher viel von den Therapeuten gespro-
chen, aber wer sind eigentlich die Patienten? Sind
das einfach die Bürgerinnen und Bürger? Ausländer
und Einheimische? Und werden alle Patienten gleich
behandelt?

Nein, in unserem Therapiehaus ist es ein großer Unterschied, ob ein Patient ursprünglich aus Afrika, dem
Nahen Osten oder aus der Schweiz beziehungsweise
Deutschland kommt. Frau oder Mann, konservativ
oder progressiv: Je nachdem scheinen in unseren Ländern ganz unterschiedliche politische Medikationen
zur Anwendung zu kommen. Eine schwarze, feministi-
sche, lesbische Sozialistin ist nun einmal etwas anderes
als ein weißer, männlicher, heterosexueller Christ.

Man könnte sogar sagen: Im heutigen Westeuropa
gilt gerade ein ernsthaft religiöser Mensch als besonders therapiebedürftig. Genauer: nicht ein buddhis-
tisch oder islamisch religiöser Mensch, sondern ein
ernsthaft *christlicher* Mensch.

Je mehr heutzutage jemand an seinem christlichen Glauben festhält oder sich nur schon weigert, traditionelle Familienwerte aufzugeben, desto mehr gilt er als krank und fortschrittsfeindlich.

So könnte man, der Einfachheit halber, folgende Grundregel für unser Therapiehaus aufstellen: Je mehr ein Patient konservativ und männlich ist, je mehr er eine weiße Hautfarbe hat, je mehr er heterosexuell ist und je mehr er die erlösende Medizin der Gender-Theorie ablehnt, desto härter die Behandlung.

Ideologische Grundlagen

Welches sind eigentlich die ideologischen Grundlagen, auf die unsere Therapeuten sich bei der Behandlung des Volkes stützen? Gibt es überhaupt solche Grundlagen?

Das ist schwer zu sagen. Im gegenwärtigen Westeuropa dominieren sehr widersprüchliche Ideen und Ideale. Zum Beispiel steht eine zentralistische, sozialistisch angehauchte EU Seite an Seite neben dem Glauben an Globalisierung, Digitalisierung und dem Phänomen der Ökonomisierung aller Lebensbereiche.

Der Humanismus mit seinen universalen Werten steht neben Relativismus und Konstruktivismus – bis hin zur verbreiteten Überzeugung, dass es keine tiefere Wahrheit über den Menschen gibt und alle Werte auf Konstruktionen beruhen, die man auch dekonstruieren kann; was dann ja ebenfalls für Humanismus oder die Menschenrechte gelten muss.

Frauenrechte und Frauenquoten stehen neben einem Genderdiskurs, der das biologische Geschlecht als unwesentlich darstellt und Frauen wie Männer in austauschbare Kulturkonstrukte und Identitäten auflöst.

Umweltschutz und Tierschutz stehen neben millionenfacher Abtreibung und neben der chemischen Mitleidstötung am Krankenbett oder im Altersheim. Materialismus und Konsumismus, mit einem Leben als reines Wechselspiel zwischen Arbeit und Zerstreuung, stehen neben einer moralisierenden politischen Korrektheit, die an höhere Werte appelliert.

Wenn es überhaupt eine Idee gibt, die in diesem Spiegelkabinett der Widersprüche in den Mainstream-Medien Einfluss hat, dann ist es der sogenannte Multikulturalismus. Wesentlich für diese Ideologie ist die Vorstellung, dass alle Kulturen *gleichwertig* sind. Das Problem: Wie soll man auf dieser Grundlage die Tatsache erklären, dass die westliche Zivilisation für den Rest der Welt seit Jahrzehnten offenbar so attraktiv ist, dass immer wieder Millionen von Migranten aus nicht-westlichen Kulturen zu uns kommen – aber nicht umgekehrt? Kaum jemand verlässt, um sein Glück zu suchen, den Westen.

Das hängt mit der Tatsache zusammen, dass nur im christlich geprägten Westen ein Grad an Freiheit und Massenwohlstand existiert, wie die Menschheitsgeschichte ihn zuvor noch nie erlebt hat. Der Multikulturalismus erklärt diesen zivilisatorischen Erfolg jedoch nicht mit einer kulturellen Überlegenheit der freien Welt, sondern mit dem militärisch-industriellen Imperialismus, mit dem der Westen andere Kulturen angeblich seit Jahrhunderten an den Rand der Weltgeschichte drückt und ausbeutet.

Deswegen gehört zur Ideologie des Multikulturalismus immer ein Schuldeingeständnis für die «verbrecherische» Dominanz des Westens und eine entsprechende Suche nach den *Opfern* dieser weißen patriarchalen Herrschaft. Populäre Opfergruppen sind Frauen, Menschen mit nicht-weißer Hautfarbe oder mit nicht-heterosexueller Orientierung. Sie sind Opfer der weißen westlichen Kultur, wie man seit Jahrzehnten nicht nur an geisteswissenschaftlichen Hochschulen behauptet, sondern auch in der Literatur, im Kino oder in TV-Serien.

In diesem Zusammenhang spielt die politische Korrektheit eine wichtige Rolle: Diese ist, als Ergänzung zum Multikulturalismus, nicht die Suche nach den *Opfern* der bösen westlichen Kultur, sondern spiegelverkehrt die Suche nach den *Tätern,* also nach den heteronormativen Sexisten, Rassisten und Hatern.

Zusammenfassend: Eine populäre Idee des therapeutischen Kalifats besteht in der (bewussten oder unbewussten) Ablehnung der westlichen Zivilisation bis hin zur kulturellen Selbstverachtung – bei gleichzeitiger Idealisierung fremder Kulturen.

Keine Verschwörung

Auch wenn hier ein übergriffiger Staat mit der Schützenhilfe übergriffiger Massenmedien und ihrer bevormundenden Moral beschrieben wird, ist unser Therapiehaus dennoch keine *Verschwörung*. Heute ist es Mode, überall böse Regierungen oder Kapitalisten am Werk zu schcn.

Zum digitalen Lärm des Internets gehören Verschwörungstheorien wie Bakterien zum Organismus. Trotzdem geht es hier nicht um Schattenmächte, die an unsichtbaren Fäden ziehen, um Komplotte zu schmieden. Es geht nicht um eine böse politische oder wirtschaftliche Macht, die alles lenkt, sondern eher um eine kollektive und oft diffuse und widersprüchliche *Praxis* im Fahrwasser von Digitalisierung und Globalisierung, die eine ungeheuerliche gesellschaftliche Sogwirkung entfaltet.

Meinungsfreiheit

Es wäre falsch zu sagen, dass es im Westen keine Meinungsfreiheit gebe. Oder dass die Medien bewusst lügen würden. Nein, die Meinungsfreiheit ist keine Illusion. Wir leben nicht in China oder Nordkorea. Aber unsere Freiheiten sind wesentlich die Freiheiten von Patienten.

Genauer gesagt: Es sind Freiheiten im Rahmen eines erlaubten Verhaltens- und Gesinnungs-Korridors. Um die Grenzen dieses Korridors zu spüren, müssen Sie auf Facebook oder Twitter nur etwas Kritisches zum Islam, zum dominierenden Genderdiskurs oder gegen Abtreibung publizieren, dann werden Sie sehen, wie schnell man Sie zurechtweist. Und wie schnell Sie als guter Patient lernen, in der Öffentlichkeit lieber zu schweigen.

Da ich neben meiner Arbeit als Publizist und Kommunikationsberater auch als Schriftsteller tätig bin, kann ich aus eigener Erfahrung sagen: Die weltanschauliche Toleranz unter Kulturschaffenden ist in etwa so ausgeprägt wie die Selbstlosigkeit in Hollywood. Wenn diese Kreise von Toleranz, Vielfalt oder *Diversity* sprechen, dann meinen sie die Vielfalt von Hautfarben, Nationalitäten und sexuellen Vorlieben. Aber sie meinen keinesfalls die Vielfalt des *Denkens* und der Ideen. In der Abteilung Weltanschauung herrscht im Gegenteil eine *geistige Monokultur.*

Das bekommt selbst ein Autor des Suhrkamp-Verlags zu spüren, wie der Fall Uwe Tellkamp zeigt. Auf einem Podium in Deutschland hatte Herr Tellkamp die Migrationspolitik von Frau Merkel kritisiert, woraufhin sich Suhrkamp von ihm distanzierte. So schnell kann ein achtbares Verlagshaus zum politischen Bodyguard der Regierung werden.

In einem solchen Deutschland ist offenbar nicht einmal mehr ein friedlicher Frauenmarsch möglich. Im Februar 2018 war ein solcher in Berlin geplant, als Protest gegen die Zunahme von Vergewaltigungen durch muslimische Migranten. Der Marsch wurde auf halber Stecke von Linksradikalen eingekesselt und abgewürgt.

Diese Einschränkung der Grundrechte hat die deutschen Leitmedien kaum beschäftigt. Und vielleicht ist das am Ende sogar folgerichtig. Denn wenn Staat, Medien und Politik einmal zum Mittel der Gesellschaftstherapie geworden sind, dann gibt es gar kein mündiges Volk mehr, sondern nur noch Patienten. Und Patienten können eine volle Freiheit per de-finitionem gar nicht richtig gebrauchen, weshalb es zum Allgemeinwohl sogar *geboten* ist, ihre Freiheit einzuschränken.

Macht
und Moral

Im literarischen Klassiker «L'Étranger» («Der Fremde», veröffentlicht 1942) von Albert Camus wird der Fremde, eine Figur von verstörender Ehrlichkeit, hingerichtet: letztlich nicht deshalb, weil er auf jemanden schießt, sondern weil er an der Beerdigung seiner Mutter nicht weint und sich generell weigert, mehrheitsfähige Gefühle und Ansichten an den Tag zu legen. Er verstößt gegen die moralische Konformität, was ihm zum Verhängnis wird.

Das passt gut in die Spielregeln unseres Therapiehauses. Natürlich haben sich die Gefühle und Ansichten, die man heute an den Tag legen muss, geändert. Aber es gibt nach wie vor eine moralische Konformität. Obwohl wir einen modernen Rechtsstaat haben, der sich dem säkularen Prinzip verpflichtet weiß. Das bedeutet: der Trennung von Staat und Religion, von Gesetzgebung und persönlicher Weltanschauung. Eine liberale Gesellschaft müsste allen Mitgliedern eine gedanklich-moralische Sphäre der Freiheit garantieren und deswegen Macht (staatliche Gesetze und Gewalt) strikt trennen von Fragen der Moral und der persönlichen Werte.

Trotzdem reden unsere Cheftherapeuten in den Regierungen Europas gern von «Wertegemeinschaft» oder «moralischem Führungsanspruch».

Genau davor hat der Philosoph Robert Spaemann 2001 gewarnt: «Deshalb ist es gefährlich, vom Staat als ‹Wertegemeinschaft› zu sprechen, denn die Tendenz besteht, das säkulare Prinzip zu Gunsten einer Diktatur der politischen Überzeugungen zu untergraben. Das Dritte Reich war eine Wertegemeinschaft. Die Werte – Nation, Rasse, Gesundheit – hatten dem Gesetz gegenüber immer den Vorrang. Das Europa von heute sollte sich von diesem gefährlichen Weg fernhalten.»[1]

Genutzt haben solche Warnungen bisher wenig. Natürlich darf man sich in einer Demokratie wünschen, dass die Mehrheit der Menschen, die zum Gesetzesgehorsam verpflichtet sind, die Wertintuitionen teilen, die den Gesetzen zugrunde liegen. Sonst haben auf Dauer die Gesetze selbst keinen Bestand. Aber diese Intuitionen zu teilen, kann wiederum nicht selbst erzwungen oder zur *Bürgerpflicht* erhoben werden. Denn das wäre ein Verrat an der individuellen Freiheit, die es ja gerade zu verteidigen gilt. Der Zwang zu gewissen Werten und Moralvorstellungen ist nicht Ausdruck einer liberalen Gesellschaft, sondern des therapeutischen Kalifats.

Auf seine Weise hat dies ein anderer französischer Autor, Alexis de Tocqueville, rund hundert Jahre vor Camus ausgedrückt im Werk *Über die Demokratie in Amerika* (1835): «Über den Bürgern erhebt sich eine beachtliche Vormundschaft, welche die Aufgabe übernimmt, das Behagen aller Bürger sicherzustellen und über ihr Gedeihen zu wachen. Diese Vormundschaft ist absolut, ins Einzelne gehend, pünktlich, vorausschauend und milde.»

Ein weiteres Zitat von Tocqueville: «Die Oberfläche der Gesellschaft wird bedeckt mit einem Netz kleiner, verwickelter, enger und einheitlicher Regeln, das nicht einmal die originellsten Geister und stärksten Seelen zu durchdringen vermögen [...] Diese Macht bricht den Willen nicht, sondern schwächt und beugt ihn. Sie tyrannisiert nicht, sondern belästigt, bedrängt und verdummt.»

Schlussfolgerungen

Was ist nun in der beschriebenen Situation zu tun? Wie kann jemand, der loyal zum Rechtsstaat steht, darauf reagieren?

Die Antwort kann letztlich nur persönlich ausfallen. Als Autor dieses Büchleins gegen das therapeutische Kalifat und gegen jede Art von staatlicher Bevormundung liegt es mir fern, als Antwort eine Art Gegen-Therapie vorzuschlagen – das würde den geneigten Leser letztlich wieder bevormunden.

Also fasse ich zum Schluss drei kurze Grundsätze zusammen, die *für mich persönlich* in den letzten Jahren wichtig geworden sind.

1. Dem eigenen Zeugnis vertrauen

Jenseits der öffentlichen Bühne setze ich in erster Linie auf das tägliche Leben in Familie und Beruf. Ich meine mein Handeln als Vater, Ehemann, Freund und Arbeitnehmer.

Und was mein Verhältnis zum Staat und das Handeln als Bürger angeht: Ich weigere mich konsequent auf allen Ebenen, ein Patient zu sein. Ich möchte, dass man mir auf Augenhöhe begegnet, und versuche, meine Kinder in die moralische und politische Mündigkeit zu erziehen.

Ich vertraue darauf: Je mehr positive Strahlkraft das konkrete Leben hat, desto mehr kann es andere überzeugen, ebenfalls auf das Zeugnis des eigenen Lebens zu setzen – vielleicht, wenn es nötig wird, auch im Sinne eines «alternativen Lebensstils» jenseits des Mainstreams. Ein solches Zeugnis, da bin ich sicher, entfaltet auf die Dauer mehr Wirkung als jede mediale Debatte.

2. Öffentlich mitreden

Dennoch setze ich immer auch auf die gesellschaftspolitische Teilnahme. Ich weigere mich, die Medien und die öffentlichen Foren der zufällig gerade herrschenden oder *scheinbar* herrschenden Mehrheitsstimmung zu überlassen.

Ich pflege die alte Tradition des Querdenkens und der Grundsatzkritik, damit politisch korrekte Meinungen nicht einfach als nichthinterfragbare Selbstverständlichkeit oder gar als zeitgemäße Fortschrittlichkeit präsentiert werden können. Ich tue unseren Volkstherapeuten nicht den Gefallen zu schweigen, sondern mische mich ein, auch wenn man mich dann als reaktionären Finsterling abstempelt.

Ich weiß: Es ist *eine* Sache, unter Freunden gegen die herrschenden Ansichten zu reden, aber es ist etwas ganz anderes, es im Fernsehen oder im Internet zu tun. Trotzdem darf man sich keinen Maulkorb verpassen lassen, denn das Ziel der Therapeuten ist es ja gerade, dass nur noch die Therapeuten öffentlich sprechen – oder allenfalls, als Beweis für die Erfolge des Kalifats, gut «zugerichtete» Patienten.

Daher ist es wichtig, immer wieder aufbegehrende Leserbriefe zu schreiben oder Parteien und Politiker in die Pflicht zu nehmen und ihnen klarzumachen: Sie sollen das Volk ernst nehmen und vertreten, aber sie sollen nicht versuchen, es zu brainwashen.

Man kann Podien und andere Anlässe besuchen und Plattformen wie Facebook, Twitter, Instagram, YouTube usw. nutzen. So können viele Menschen helfen, die Politik der Bevormundung zum Thema zu machen und eine kritische Gegenöffentlichkeit zu bilden.

Darüber hinaus setze ich als Schweizer natürlich auf die direkte Demokratie. Regelmäßige Volksabstimmungen beschränken die Macht von Politikern, Funktionären und Meinungsmachern. Abstimmungen zu Sachfragen bilden ein Gegengewicht zur Macht von Regierungen und den Interessen der Wirtschaft und anderer Lobbygruppen. Wenn alle Bürger regelmäßig aktiv mitbestimmen, ist es nicht so leicht, über ihre Köpfe hinweg zu regieren.

Auch der Föderalismus, im Sinne von dezentralen Entscheidungsstrukturen, ist ein Schutz gegen zentralistische Machtballungen fern der Lebensrealität der Menschen. Und es ist kein Zufall, dass sowohl die direkte Demokratie wie auch der Föderalismus von der aktuellen europäischen Elite nicht gefördert werden und man lieber auf große internationale Allianzen und Visionen setzt – und auf eine rein *repräsentative* Demokratie, in der Politiker und Funktionäre mehr Macht haben.

Selbst in der Schweiz hört man nicht selten die Klage, es gebe zu viele Abstimmungen, provoziert von bösen Populisten, die das arme Volk mit Fake News zu falschen Abstimmungsresultaten verführten. Auch das ist kein Zufall: Wenn die Elite besser als das Volk weiß, was für das Volk beziehungsweise was für die Patienten gut ist, dann sollte man die Patienten zu ihrem eigenen Schutz auch möglichst nicht über Sachverhalte abstimmen lassen, die ihren Horizont übersteigen …

Es mag sein, dass das Volk manchmal tatsächlich verführt wird und dass das föderale System der kleinräumigen Entscheidungsmacht die Gefahr des Lokalfilzes und der regionalen Abschottung mit sich bringt. Aber kein System ist perfekt, und der Missbrauch der Macht hat in großräumigen oder gar internationalen Machtgefügen ein ungleich größeres Potenzial der Destabilisierung und Zerstörung individueller Freiheit.

Außerdem stehe ich ganz beim katholischen Schriftsteller Gilbert Keith Chesterton, der einmal auf seine Weise erklärt hat, warum er weniger auf eine gute Elite und mehr auf den gesunden Menschenverstand setzt: «Wenn es eine Klasse von Menschen gibt, von der die Geschichte bewiesen hat, dass sie ganz besonders und in höchstem Maße fähig war, in allen möglichen Dingen völlig in die Irre zu gehen, dann ist es die Klasse der Intellektuellen. Ich jedenfalls ziehe es vor, mich nach der Mehrzahl der Menschen zu richten, eben deshalb bin ich Demokrat.»[2]

3. Nicht moralisieren

Ich versuche, wann immer ich öffentlich spreche, nicht zu moralisieren. Der Philosoph Friedrich Nietzsche hat einmal gesagt, man müsse nicht die Wahrheiten des Christentums angreifen, sondern dessen Moral.

Genau das passiert heute: Man kritisiert die scheinbare Menschenfeindlichkeit der christlichen Moral oder generell eine wertkonservative Lebenshaltung. Und die Betroffenen bleiben dann oft auf dieser moralischen Ebene und versuchen, sich zu verteidigen. Das bedeutet: Sie versuchen in einem vom herrschenden Relativismus längst festgelegten Rahmen zu bestehen. Sie präsentieren sich auf einem freien Markt der Werte und Lebensmodelle.

Am Ende dominiert der Grundsatz: Moralisch richtig ist, was viele wünschen. Auf der Strecke bleibt eine Debatte über die Wahrheitsfrage, das heißt: über die Frage nach der *Natur* des Menschen. Aber je weniger eine Gesellschaft es fertigbringt, diese Frage zu thematisieren, je weniger eine öffentliche Debatte deutlich machen kann, dass hinter *jeder* Moral ein gewisses Menschenbild steht, desto weniger merken die Leute überhaupt, welchen Ideen des Zeitgeistes sie da eigentlich folgen.

Ich spreche deshalb, wo immer möglich, vom *Menschenbild,* von dem ich persönlich ausgehe, statt von der Moral, die oft nur zu Missverständnissen führt.

Es versteht sich von selbst, dass die Gedanken in diesem Büchlein nur den Versuch darstellen, ein aktuelles Phänomen zu umschreiben. Im Zuge dieser Arbeit ist mir allerdings klarer geworden, dass die Pädagogisierung und Therapeutisierung der Gesellschaft eine große Gefahr für unsere Demokratie darstellt. Im Vorhaben, die Menschen von falschen Ansichten zu heilen, steckt letztlich ein mutloses und depressives

Denken. Ein Denken, das gar nicht mehr mit der für jede Demokratie elementaren *Mündigkeit* des Menschen rechnet, also mit einem erwachsenen Bürger, den man als Souverän ernst nimmt.

Wenn dieses Denken überhandnimmt, riskieren wir am Ende zu vergessen, dass die Gestaltung des Zusammenlebens, die Freiheit des Denkens und Redens gar keine Führungsaufgabe der Elite ist, sondern dass dies kein Bürger einem anderen abnehmen darf.

Wir riskieren zu vergessen, dass die Würde des Einzelnen immer auch das Recht bedeutet, für voll genommen zu werden – so uninformiert, desinteressiert oder dumm der Mensch sich auch anstellen mag. Dummheit ist kein Freibrief für staatliche Bevormundung – und Freiheit kein Vorrecht der Gescheiten.

Anhang

Praktische Tipps

Wie Sie es schaffen,
als moderner, weltoffener Mensch dazustehen

In der heutigen Öffentlichkeit die falsche Meinung zu äußern und als moralisch minderwertig abqualifiziert zu werden, ist schnell passiert. Um das zu vermeiden, haben wir für Sie ein Glossar zusammengetragen, eine kleine Wörtersammlung politisch korrekter Begriffe. Außerdem ein paar *politisch korrekte Narrative,* die Ihnen dabei helfen können, den Zeitgeist zu verstehen.

Trigger Warning (siehe Kapitel «Mikroaggression und Safe Space», Seite 20):
Die Lektüre dieses Anhangs könnte Sie irritieren, verwirren oder verletzen, wenn Sie über keinerlei Ironie oder Sinn für Satire und Humor verfügen und … wenn Sie ihn nicht mit einem Augenzwinkern lesen.

Glossar

Politisch «korrekte» Wörtersammlung (wo nicht explizit ausgeschlossen, weibliche Form mitgemeint).

Rassist: Weiße Person, die gegen offene Grenzen ist und die westliche Kultur gut findet.

Faschist: Männlicher Rassist, der heterosexuell und/oder konservativ-christlich ist.

Sexist: Rassist, der Männer und Frauen von Natur aus für etwas Verschiedenartiges hält und/oder für seine Frau und Kinder sorgen will.

Nazi: Weiße heterosexuelle Person, die Menschen wegen ihrer Hautfarbe und Herkunft herabsetzt.

Traumatisierte Minderheit: Nicht-weiße, nicht heterosexuelle Rassisten oder Sexisten, deren Verachtung der «weißen westlichen Kultur» toleriert wird.

Verführtes Volk: Angehörige der Arbeiterklasse, die nicht links-liberal wählen.

Populismus: Alle Aussagen und Forderungen im politischen Diskurs, bei denen die links-liberale Weltanschauung[3] nicht dominiert.

Demokratischer Diskurs: Alle Aussagen und Forderungen im politischen Diskurs, bei denen die links-liberale Weltanschauung dominiert.

Islamophob: Das ist jemand, der den Islam kritisch bewertet.

———————————

Islam-Hasser: Jemand, der den Islam regelmäßig kritisch bewertet.

Fremdenfeind: Weiße heterosexuelle Person, die sich weigert, fremde Kulturen grundsätzlich als Bereicherung zu betrachten (siehe auch «Rassist» und «Faschist»).

Humanist: Jemand, der alle nicht-westlichen Kulturen als Bereicherung betrachtet.

Patriot: Rassist oder Faschist, der sich weigert, sich als solcher zu outen.

Fundamentalist: Religiöser Mensch, der die Überlieferung und Regeln seiner Religion nicht vom herrschenden Mainstream abhängig macht.

Extremist: Politisch interessierte Person, die ihre Überzeugungen nicht vom herrschenden Mainstream abhängig macht.

Reaktionär: Jemand, der die links-liberale Weltanschauung nicht für fortschrittlich hält.

Traditionalist: Jemand, der den wissenschaftlich-technischen Fortschritt nicht mit moralischem Fortschritt gleichsetzt.

Homophob: Das sind alle, die jemals etwas gegen die Forderungen der Gay-Lobby gesagt haben und/oder die Gender-Theorie kritisch bewerten (siehe auch «Sexist», «Antifeminist» und «Reaktionär»).

Transphob: Ist jemand, der die Gender-Theorie kritisch bewertet und etwas von Biologie versteht.

Anti-Feminist: Person, die Frauen und Männer nicht in einem Klassenkampf gefangen sieht und die monogame Ehe nicht für ein männliches Herrschaftskonstrukt hält.

Frauenhasser: Jemand, der die Mutterschaft nicht als Machtverlust der Frau sieht, sondern als Erfüllung und Dienst am neuen Leben.

Postfaktisches Zeitalter: Eine Gesellschaft, die die Welt nicht mehr mit der links-liberalen Weltanschauung interpretiert.

Abtreibungshasser: Jemand, der die Tötung Ungeborener als unmenschlich ablehnt (siehe auch «Sexist», «Antifeminist», «Reaktionär»).

Klimaleugner: Jemand, der die Ursachen des globalen Klimawandels nicht bei den emissionsintensiven Maschinen des Menschen verortet, sondern in den Zyklen der Natur selbst.

Gewaltfreie Sprache: Kommunikationsform, bei der niemand mehr die Wahrheit sagt.

Geschlechtergerechtigkeit: Diskriminierungsfreier Zustand ohne Unterschiede zwischen Mann und Frau (früher: klassenlose Gesellschaft).

Vielfalt, Diversität (Diversity): Vielfalt an Hautfarben, Rassen und sexuellen Orientierungen.

Polarisierung, Spaltung der Gesellschaft: Vielfalt an Gedanken, Meinungen und Moralvorstellungen.

Kapitalist: Jemand, der mehr Geld verdient als ich.

Sozialist: Guter Mensch, der mit Steuergeld großzügig umgeht.

Sozialdemokrat: Sozialist mit gutem Einkommen und großer, preiswerter (Altbau-)Wohnung.

Liberaler: Jemand, der links-liberal denkt, aber mit wirtschaftsfreundlichem Einschlag.

Ultra-Liberaler: Jemand, der tatsächlich liberal denkt (wenig Staat, viel Bürgerfreiheit und Wettbewerb).

Neo-Liberaler: Ein Ultra-Liberaler, der erfolgreich ist.

Soziale Gerechtigkeit: Wenn der Sozialismus gewinnt und man die Armut auf alle gerecht verteilt.

Politische Korrektheit: Öffentliche Anstandsregel zur Unterdrückung aller nicht-linken Meinungsäußerungen.

Hetze: Meinungsäußerung, die der links-liberalen Weltanschauung widerspricht.

Progressiv: Jemand, der moralisch flexibel mit dem Zeitgeist geht und dies als fortschrittlich und mutig darzustellen weiß.

Sexuelle Befreiung: Endgültige Trennung der Einheit von Liebe, Sex, Treue und Fortpflanzung.

Staatlicher Sexualkundeunterricht: Heranführung der Kinder an die endgültige Trennung der Einheit von Liebe, Sex, Treue und Fortpflanzung.

Fake News: Gefährliche, bewusst gestreute Falschmeldung gegen die links-liberale Weltanschauung.

Redaktioneller Fehler: Zufällige Falschmeldung im Sinne der links-liberalen Weltanschauung.

Moslem: Religiöser Mensch, der an einen Gott glaubt und dessen Religion ständig von Extremisten missbraucht wird.

Buddhist: Religiöser Mensch, der an keinen Gott glaubt und deswegen nicht missbraucht wird.

Christ: Religiöser Mensch, der an einen Gott glaubt und deswegen jederzeit fanatisch und extrem werden kann gegen Linke, Liberale, Frauen, Schwule, Juden und Moslems.

Freidenker: Wissenschaftlich gebildeter Zeitgenosse, der die Gesellschaft von irrationalen Religionskonstrukten befreit und friedlicher macht.

Meinungsfreiheit: Das Recht auf die eigene Meinung ohne Angst vor Repression.

Hate Speech: Gebrauch der Meinungsfreiheit jenseits der links-liberalen Weltanschauung.

Familie: Menschen, die aus demselben Kühlschrank essen.

Traditionelle Familie: Rückständige Lebensform weißer Männer, die Frauen zur Gebärmaschine und Putzfrau degradieren und Kinder mit christlich-konservativen Ideen ruinieren.

Offene Grenzen: Lösung für die Ungerechtigkeiten des westlichen Imperialismus.

Nationalismus: Ursache für die Ungerechtigkeiten des westlichen Imperialismus (siehe auch «Rassist», «Faschist» und «Nazi».).

Narrative

Beispielhaft umrissen anhand von sechs Themen:

1. Klimawandel

Politisch «korrektes» Narrativ:

«Seit der Industrialisierung zerstört der Mensch die Um-
welt und ist verantwortlich für den Klimawandel, der nur
gestoppt werden kann, wenn die bösen Konzerne und Politiker endlich zum grünen Handeln gezwungen werden.»

Diese Grundhaltung wird Sie in jeder Runde als guter
Mensch etablieren.

Unbedingt zu vermeiden ist dieses Narrativ:

«Nicht wir bestimmen das Klima, sondern das Klima be-
stimmt uns. Wir befinden uns am Ende einer Eiszeit. Das
verursacht den Klimawandel mehr als jede Maschine des
Menschen. Im Laufe der Jahrmillionen hat die Erde gewal-
tige Klimaveränderungen erlebt: Eiszeiten mit globalem
Winter, Schmelzen der Polarkappen mit globalem Sommer

(wie im Animationsfilm ‹Ice Age 2›, nur nicht so schnell).
Die Menschheit kann diese Phasen, vergleichbar mit kos-
mischen Jahreszeiten, nicht groß beeinflussen.»

2. Islam

Politisch «korrektes» Narrativ:

«Terror, Unterdrückung der Frau, die Tötung Ungläubiger
und Abtrünniger, der Totalitarismus in islamisch geprägten
Ländern: Das hat nichts mit dem Islam zu tun, sondern ist
ein Missbrauch dieser friedlichen Religion.»

Auch beliebt:

«Alle Religionen sind gefährlich, vor allem das Christentum.»
«Manche Menschen brauchen Traditionen, die ihnen
Halt geben, aber wenn dann alle schöne Wohnungen,
Jobs, Frauen und Autos haben, wird die Religion keine
Rolle mehr spielen.»

Politisch «unkorrektes» Narrativ:

«Der Islam kann nicht trennen zwischen Kaiser und Gott,
zwischen Staat und Religion, sondern tendiert aus seinen
theologischen Quellen dazu, Gesellschaft und Staat ein-
heitlich zu gestalten, nach dem Vorbild Mohammeds. Das
säkulare Prinzip – Fundament für den religionsneutralen
Staat mit Glaubensfreiheit für alle – ist dem Islam fremd
und wird auch von den Muslimen im Westen nur toleriert,
solange sie in der Minderheit sind.»

Vertreten Sie niemals, auf keinen Fall, dieses Narrativ! *Denken* Sie nicht einmal daran, und machen Sie Yoga oder Autogenes Training, wenn solche Gedanken vermehrt auftauchen.

3. Emanzipation der Frau

«Richtiges» Narrativ:

> «Alle modernen Frauen wünschen sich nur noch nebenberuflich Kinder. Sie sind unglücklich und unterdrückt, wenn sie nicht möglichst viel Zeit am Arbeitsplatz verbringen.»

Auch beliebt:

> «Frauenpower verbessert die Welt, weil Frauen im Gegensatz zu Männern weder hinterhältig, gerissen noch egoistisch sind.»
>
> «Es gibt keine glücklichen Vollzeit-Hausfrauen und auch keine Alleinverdiener-Männer, die emanzipierte Frauen lieben.»
>
> «Alle Kinder sind ganz scharf darauf, möglichst früh in die Krippe zu kommen.»

«Falsches» Narrativ:

> «Die Frauenbewegung hat sich an die Wirtschaft verkauft und treibt ihre Klientel mit falschen Glücksversprechen in die Selbstausbeutung. Die moderne Familienpolitik fördert weder die freie Wahl der Lebensformen noch das Kindeswohl, sondern nur den Erwerbszwang für alle.»

Auch «böse»:

«Die Gender-Theorie ist das Ende des Feminismus, denn Feminismus setzt die Existenz von Frauen voraus, und Gender erklärt Weiblichkeit wie Männlichkeit zum sozialen Konstrukt.»

«Wer das Verhältnis der Geschlechter als Machtkampf interpretiert, verunmöglicht Liebe und tragfähige Beziehungen und zerstört das Fundament der Familie.»

4. Abtreibung

«Gutes» Narrativ:

«Die Frau ist erst dann vom Joch der Männerherrschaft befreit, wenn sie das Recht auf Abtreibung hat.»

Oder:

«Wer keine Gebärmutter hat, soll zu diesem Thema schweigen.»

«Frauen tragen die Hauptlast der Kinder, also dürfen sie auch entscheiden, ob ihre Kinder überhaupt auf die Welt kommen.»

«Böses» Narrativ:

«Bei der Abtreibung geht es nicht um die Selbstbestimmung der Frau, sondern um die Vernichtung eines Kindes. Da Abtreibung das Menschenrecht auf Leben verletzt, kann sie nicht selbst zum Menschenrecht erhoben werden. Wer Frauen Gutes tun will, wird sie nicht zur Abtreibung ermutigen, sondern ihnen helfen, ihr Kind zu bekommen.»

5. Sexualität

«Gutes» Narrativ:

«Sexualität ist eine Lustquelle, ein konsensbasiertes Gesellschaftsspiel gegen Prüderie und Leibfeindlichkeit. Es ist alles erlaubt, wozu die Beteiligten zustimmen. Gesundheitliche Risiken werden durch staatliche Informationskampagnen und Sexualkunde ab der Grundstufe bekannt gemacht. Die Allgemeinheit ist verpflichtet, die Folgeschäden riskanten Sexualverhaltens solidarisch mitzufinanzieren und Betroffene in ihrem Lebensstil zu ermutigen.»

«Böses» Narrativ:

«Sexualität ist nicht einfach eine Lustquelle, sondern eine Quelle für Liebe und neues Leben. Ohne Kultivierung kann Sexualität zerstörerisch sein. Der beste Ort zur Kultivierung der Sexualität ist die Ehe. Frei wird nur, wer seine Sexualität beherrschen kann, statt sich und andere zu Sklaven des Triebs zu machen.»

6. Migration

«Korrektes» Narrativ:

«Menschenrechte und Humanismus verlangen offene Grenzen und die Überwindung von nationalem Denken. Kriegsflüchtlinge und Wirtschaftsflüchtlinge sind beide Opfer des kapitalistisch-imperialistischen Westens. Deshalb ist es unsere Pflicht, alle bei uns aufzunehmen.»

«Unkorrektes» Narrativ:

«Die westliche Zivilisation ist seit Jahrzehnten so attraktiv, dass Millionen von Migranten aus nicht-westlichen Kulturen zu uns kommen – aber nicht umgekehrt. Das hängt mit der Tatsache zusammen, dass nur im christlich geprägten Westen ein Grad an Freiheit und Massenwohlstand existiert, wie die Menschheitsgeschichte ihn noch nie erlebt hat. Dafür muss man sich nicht schämen, und man darf auch unterscheiden zwischen Flüchtlingen, denen Schutz zu gewähren ist, und Migranten, deren Zustrom jedes Land selbst regulieren darf.»

Der Autor

Giuseppe Gracia (50) ist Schriftsteller und Medien-
beauftragter des Bistums Chur.

Unter anderem schreibt er eine regelmäßige Kolumne
für die Schweizer Tageszeitung «Blick».

Er ist verheiratet und Vater von zwei Kindern.

Anmerkungen

[1] Robert Spaemann: «Vorsicht ‹Wertegemeinschaft›!», in: «Die Welt», 25.8.2001; https://www.welt.de/print-welt/article470085/Vorsicht-Wertegemeinschaft.html; Stand: 26.7.18.

[2] Zum Beispiel in G.K. Chesterton: *Delphi Works of G.K. Chesterton* (Delphi Classics, 2014).

[3] Dazu zählen alle politisch korrekten Gedanken und Narrative, die in diesem Büchlein erwähnt werden. Wie im Kapitel «Ideologische Grundlagen» (S. 29) beschrieben, handelt es sich jedoch nicht um eine konsistente, widerspruchsfreie Ideologie, die man im herkömmlichen Sinn als «links» oder als «liberal» bezeichnen könnte, sondern es ist eine Mischung aus verschiedenen Ideen, welche die politisch-mediale Mehrheitsstimmung prägen und die ohne Anspruch auf Vollständigkeit skizziert werden.